Keto Chaffle Kochbuch

Gesunde und leckere nur Low-Carb
Chaffle Rezepte für die Busy Smart
People

Helen Rodriguez

INHALTSVERZEICHNIS

EINLEITUNG

W enn Sie Desserts mögen, wie ich es tue, können Sie das Buch genießen. Ich werde in diesem Buch einige meiner Lieblings-Keto-Dessert-Rezepte teilen. Dies ist eine großartige Möglichkeit, Ihren Kuchen zu haben und ihn auch ohne Schuldgefühle zu essen!

Was sind Düppel?

Chaffles sind kohlenhydrat- und kalorienarm und enthalten viel Eiweiß - perfekt für alle, die eine Diät oder einen Gewichtsverlust planen. Wenn Sie sich fragen, wie Sie abnehmen können, ohne auf Geschmack verzichten zu müssen, sind diese leckeren Kreationen vielleicht genau das, was der Arzt verordnet hat! Chaffles sind eine sättigende Mahlzeit, bei der man kein schlechtes Gewissen haben muss, wenn man sich etwas Süßes gönnt. Chaffles sind die perfekte Lösung für alle, die ihre Kohlenhydrat-/Kaloriengrenze nicht überschreiten wollen. Sie erinnern an Pfannkuchen, schmecken aber aufgrund der Textur ähnlich wie eine Waffel. Diese "Kuchen" können im Voraus zubereitet und aufgewärmt werden, wann immer Sie hungrig sind, was sie ideal für einen geschäftigen Lebensstil macht!

Sie können sogar eingefroren werden, so dass Sie sie zu jeder Zeit des Tages genießen können!

Sie schmecken am besten, wenn sie warm mit einem Klecks fettarmen Frischkäse, Butter oder zuckerfreiem Eis serviert werden.

Sie sind auch toll mit zuckerfreiem Ahornsirup geröstet.

Warum ist Chaffles perfekt für jemanden, der sich mit der ketogenen Diät beschäftigt?

Hier sind einige Gründe:

1. Die Chaffles werden mit Mandelmehl und Kokosmehl hergestellt, beides kohlenhydratarme Mehle.
2. Sie enthalten 0 Kohlenhydrate, was sie perfekt für Diabetiker und Anhänger einer ketogenen Diät (z. B. Atkins-Diät) macht.
3. Chaffles sind kalorienarm, aber durch das enthaltene Molkenproteinpulver sehr proteinreich.
4. Sie können den Teig lange im Voraus zubereiten und bis zu einer Woche im Kühlschrank aufbewahren oder einfrieren, um ihn zu einem späteren Zeitpunkt zu backen - perfekt für einen hektischen Lebensstil!
5. Chaffles können je nach Vorliebe herzhaft oder süß zubereitet werden. Sie müssen also nicht ein Dessert für Naschkatzen und ein anderes, wenn Sie herzhafte Speisen bevorzugen, zubereiten!
6. Chaffles können milchfrei gemacht werden, indem die Butter oder der Frischkäse durch eine milchfreie Alternative wie Kokosöl ersetzt wird.
7. Sie sind perfekt für alle, die gerne backen, aber zeitlich eingeschränkt sind, denn Sie können den Teig im Voraus zubereiten und für die spätere Verwendung kühlen oder einfrieren!
8. Chaffles haben eine fluffige Textur, die an Pfannkuchen und Waffeln erinnert, aber sie sind nicht zu dicht und hinterlassen kein Völlegefühl nach dem Verzehr eines!
9. Chaffles sind vielseitig! Sie können sie mit allem belegen, was Sie wollen, von zuckerfreiem Sirup über Schokoladenchips bis hin zu fettarmem Frischkäse oder Butter.
10. Chaffles sind ein Spaß für Kinder! Bereiten Sie sie in lustigen Formen zu und lassen Sie die Kinder sie nach

Belieben mit Ihren liebsten kalorienarmen Toppings belegen.

11. Chaffles sind eifrei, was toll für diejenigen ist, die allergisch auf Eier reagieren oder einfach nicht gerne Eier essen!

12. Chaffles sind relativ einfach zu machen, obwohl Sie einen Mixer benötigen, um den Teig richtig zu vermengen. Der Rest der Schritte ist einfach und erfordert nicht viel Aufwand von Ihnen!

13. Wenn Sie gerne backen, aber den Abwasch hassen, sind Chaffles perfekt für Sie, denn sie benötigen nur eine Rührschüssel (und zwar eine kleine) und eine Mikrowelle oder einen Ofen zum Aufwärmen!

Beginnen wir nun mit diesen köstlichen Keto-Hackfleisch-Rezepten

FRÜHSTÜCK CHAFFLE REZEPTE

1. Knusprige Frikadellen mit Ei und Spargel

Zubereitungszeit: 15 min

Kochzeit: 10 min

Portionen: 1

Zutaten:

- 1 Ei
- 1/4 Tasse Cheddar-Käse
- 2 Esslöffel Mandelmehl
- ½ Teelöffel Backpulver
- 1 Ei
- 4-5 Stangen Spargel
- 1 Teelöffel Avocadoöl

Wegbeschreibung:

1. Heizen Sie das Waffeleisen auf mittlere bis hohe Hitze vor.
2. Ei, Mozzarella-Käse, Mandelmehl und Backpulver miteinander verquirlen

3. Gießen Sie die Waffelmischung in die Mitte des Waffeleisens. Schließen Sie das Waffeleisen und lassen Sie die Waffeln 3-5 Minuten lang garen oder bis sie goldbraun und fest sind.
4. Nehmen Sie die Waffeln aus dem Waffeleisen und servieren Sie sie.
5. In der Zwischenzeit Öl in einer Antihaft-Pfanne erhitzen.
6. Sobald die Pfanne heiß ist, braten Sie den Spargel ca. 4-5 Minuten goldbraun.
7. Pochieren Sie das Ei in kochendem Wasser für ca. 2-3 Minuten.
8. Sobald die Hähnchen gegart sind, nehmen Sie sie aus dem Gerät.
9. Chaffles mit dem pochierten Ei und dem Spargel servieren.

Ernährung: Kalorien: 287 kcal Fett gesamt: 19g Kohlenhydrate gesamt: 6,5g Eiweiß: 6,8g

2. Kokosnuss-Kaffeekugeln

Zubereitungszeit: 10 Minuten

Kochzeit: 5 Minuten

Portionen: 2

Zutaten:

- 1 Ei
- 1 oz. Frischkäse,
- 1 oz. Cheddar-Käse
- 2 Esslöffel Kokosnussmehl
- 1 Teelöffel Stevia
- 1 Esslöffel Kokosnussöl, geschmolzen
- 1/2 Teelöffel Kokosnuss-Extrakt
- 2 Eier, weichgekocht zum Servieren

Wegbeschreibung:

1. Erhitzen Sie Ihr Waffeleisen und fetten Sie es mit Kochspray ein.
2. Mischen Sie alle Zutaten für die Chaffles in einer Schüssel.
3. Gießen Sie den Waffelteig in ein vorgeheiztes Waffeleisen.
4. Schließen Sie den Deckel.
5. Garen Sie die Hähnchen ca. 2-3 Minuten, bis sie goldbraun sind.

6. Mit gekochtem Ei servieren und genießen

Ernährung: Kalorien: 331 kcal Eiweiß: 11,84 g Fett: 30,92 g Kohlenhydrate: 1.06g

3. Erdnussbutter-Cup-Kekse

Zubereitungszeit: 5 Minuten

Kochzeit: 15 Minuten

Portionen: 1

Zutaten:

Für das Häckselgut:

- Eier: 1
- Mozzarella-Käse: ½ Tasse geschreddert
- Kakaopulver: 2 Esslöffel.
- Espressopulver: ¼ Teelöffel.
- Zuckerfreie Schokoladenchips: 1 Esslöffel

Für die Füllung:

- Erdnussbutter: 3 Eßl.
- Butter: 1 Esslöffel
- Süßstoff in Pulverform: 2 Esslöffel.

Richtung:

1. Alle Zutaten für das Chaffle in eine Schüssel geben und verquirlen
2. Heizen Sie Ihr Mini-Waffeleisen bei Bedarf vor und fetten Sie es ein
3. Garen Sie Ihre Mischung im Mini-Waffeleisen für mindestens 4 Minuten

4. Machen Sie zwei Waffeln
5. Mischen Sie die Zutaten für die Füllung zusammen
6. Wenn die Waffeln abgekühlt sind, bestreichen Sie sie mit Erdnussbutter, um ein Sandwich zu machen

Ernährung: Kalorien: 448; Gesamtfett: 34g; Kohlenhydrate: 17g; Netto-Kohlenhydrate: 10g; Ballaststoffe: 7g; Eiweiß: 24g

4. Schokoladige Chaffees

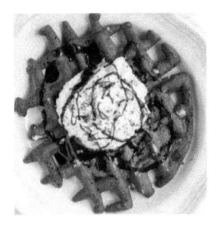

Zubereitungszeit: 5 Minuten

Kochzeit: 15 Minuten

Portionen: 1

Zutaten:

- Eier: 1
- Mozzarella-Käse: ½ Tasse geschreddert
- Kakaopulver: 2 Esslöffel.
- Espressopulver: ¼ Teelöffel.
- Zuckerfreie Schokoladenchips: 1 Esslöffel

Wegbeschreibung:

1. Alle Zutaten für das Chaffle in eine Schüssel geben und verquirlen
2. Heizen Sie Ihr Mini-Waffeleisen bei Bedarf vor und fetten Sie es ein
3. Garen Sie Ihre Mischung im Mini-Waffeleisen für mindestens 4 Minuten
4. Machen Sie so viele Chaffles wie Sie können

Ernährung: Kalorien: 258; Gesamtfett: 23g; Kohlenhydrate: 12g; Netto-Kohlenhydrate: 6g; Ballaststoffe: 6g; Eiweiß: 5g

5. Mc Griddle Chaffle

Zubereitungszeit: 5 Minuten

Kochzeit: 10 Minuten

Portionen: 2

Zutaten:

- Ei: 2
- Mozzarella-Käse: 1½ Tasse (geschreddert)
- Ahornsirup: 2 Esslöffel (zuckerfrei)
- Wurstpatty: 2
- Amerikanischer Käse: 2 Scheiben
- Swerve/Monkfruit: 2 Esslöffel.

Wegbeschreibung:

1. Ein Mini-Waffeleisen bei Bedarf vorheizen und einfetten
2. In einer Rührschüssel Eier verquirlen und geriebenen Mozzarella-Käse, Swerve/Monkfruit und Ahornsirup hinzufügen
3. Mischen Sie alles gut und geben Sie die Mischung auf die untere Platte des Waffeleisens
4. Schließen Sie den Deckel
5. Mindestens 4 Minuten kochen, um den gewünschten Crunch zu erhalten
6. Entfernen Sie das Häckselgut vom Herd
7. Wurstpastete nach der Anleitung auf der Verpackung

8. Legen Sie sofort nach dem Herausnehmen aus dem Ofen eine Käsescheibe auf das Patty
9. Nehmen Sie zwei Chaffles und legen Sie Wurstpatty und Käse dazwischen
10. Machen Sie so viele Waffeln, wie Ihre Mischung und Ihr Waffeleisen zulassen
11. Heiß servieren und genießen!

Ernährung: Kalorien: 231; Gesamtfett: 20g; Kohlenhydrate: 8g; Netto-Kohlenhydrate: 6g; Ballaststoffe: 2g; Eiweiß: 9g

6. Zimt-Strudel-Kaffeekuchen

Zubereitungszeit: 5 Minuten

Kochzeit: 10 Minuten

Portionen: 2

Zutaten:

Für Chaffle:

- Ei: 2
- Frischkäse: 2 oz. erweicht
- Mandelmehl: 2 Esslöffel.
- Vanilleextrakt: 2 Teelöffel.
- Zimt: 2 Tl.
- Vanilleextrakt: 2 Teelöffel.
- Splenda: 2 Esslöffel.

Für die Glasur:

- Frischkäse: 2 oz. erweicht
- Splenda: 2 Esslöffel.
- Vanille: 1 Teelöffel.
- Butter: 2 Esslöffel ungesalzene Butter

Für Zimtstreusel:

- Splenda: 2 Esslöffel.
- Butter: 1 Esslöffel
- Zimt: 2 Tl.

Wegbeschreibung:

1. Das Waffeleisen vorheizen
2. Leichtes Einfetten
3. Mischen Sie alle Zutaten für das Häckselgut zusammen
4. Gießen Sie die Mischung in das Waffeleisen
5. Etwa 4 Minuten kochen oder bis die Späne knusprig werden

6. Bewahren Sie sie beiseite, wenn sie fertig sind
7. Mischen Sie in einer kleinen Schüssel die Zutaten für den Zuckerguss und den Zimtstreusel
8. Erhitzen Sie es in der Mikrowelle für etwa 10 Sekunden, um eine weiche Einheitlichkeit zu erreichen
9. Auf abgekühlten Chaffeln aufwirbeln und genießen!

Ernährung: Kalorien: 323; Gesamtfett: 27g; Kohlenhydrate: 8g; Netto-Kohlenhydrate: 3g;

Ballaststoffe: 5g; Eiweiß: 15g

7. Himbeeren Chaffle

Zubereitungszeit: 15 Minuten

Kochzeit: 15 Minuten

Portionen: 1

Zutaten:

- 1 Eiweiß
- 1/4 Tasse Jack-Käse, zerkleinert
- 1/4 Tasse Cheddar-Käse, geraspelt
- 1 Teelöffel Kokosnussmehl
- 1/4 Teelöffel Backpulver
- 1/2 Teelöffel Stevia

Für Topping

- 4 oz. Himbeeren
- 2 Esslöffel Kokosnussmehl
- 2 oz. ungesüßte Himbeersauce

Wegbeschreibung:

1. Schalten Sie Ihren runden Waffeleisen ein und fetten Sie es mit Kochspray ein, sobald es heiß ist.
2. Mischen Sie alle Häckselzutaten in einer Schüssel und vermengen Sie sie mit einer Gabel.
3. Gießen Sie den Hackfleischteig in eine vorgewärmte Maschine und schließen Sie den Deckel.
4. Rollen Sie das Taco-Häcksel mit einem Küchenroller herum, stellen Sie es beiseite und lassen Sie es einige Minuten fest werden.
5. Sobald das Taco-Häckselgut fest ist, nehmen Sie es von der Rolle.
6. Himbeeren in die Sauce tauchen und auf dem Taco-Häcksel anrichten.
7. Kokosnussmehl darüber träufeln.

8. Genießen Sie Himbeeren Taco Chaffle mit Keto-Kaffee.

Ernährung: Kalorien: 386; Gesamtfett: 37g; Kohlenhydrate: 13g; Netto-Kohlenhydrate: 8g;

Ballaststoffe: 5g; Eiweiß: 5g

8. Knoblauch-Petersilie-Haferflocken

Zubereitungszeit: 10 Minuten

Kochzeit: 5 Minuten

Portionen: 1

Zutaten:

- 1 großes Ei
- 1/4 Tasse Käse Mozzarella
- 1 Teelöffel Kokosnussmehl
- ¼ Teelöffel Backpulver
- ½ Teelöffel Knoblauchpulver
- 1 Esslöffel klein geschnittene Petersilie

Für Servieren

- 1 Ei pochieren
- 4 oz. geräucherter Lachs

Wegbeschreibung:

1. Schalten Sie Ihr Dash Waffeleisen ein und lassen Sie es vorheizen.
2. Fetten Sie das Waffeleisen mit Kochspray ein.
3. Mischen Sie Ei, Mozzarella, Kokosmehl und Backpulver sowie Knoblauchpulver und Petersilie in einer Rührschüssel, bis sie gut miteinander verbunden sind.
4. Gießen Sie den Teig in den Kreishäcksler.
5. Schließen Sie den Deckel.
6. Etwa 2-3 Minuten kochen oder bis die Hähne gar sind.
7. Mit Räucherlachs und pochiertem Ei servieren.
8. Viel Spaß!

Ernährung: Kalorien: 757; Gesamtfett: 38g; Kohlenhydrate: 17g; Netto-Kohlenhydrate: 11g;

Ballaststoffe: 6g; Eiweiß: 29g

9. Rührei und Frühlingszwiebelchaffee

Zubereitungszeit: 10 Minuten

Kochzeit: 7-9 Minuten

Portionen: 4

Zutaten:

Batterie

- 4 Eier
- 2 Tassen geriebener Mozzarella-Käse
- 2 Frühlingszwiebeln, fein gehackt
- Salz und Pfeffer nach Geschmack
- ½ Teelöffel getrocknetes Knoblauchpulver
- 2 Esslöffel Mandelmehl
- 2 Esslöffel Kokosnussmehl

Andere

- 2 Esslöffel Butter zum Einpinseln des Waffeleisens
- 6-8 Eier
- Salz und Pfeffer
- 1 Teelöffel italienische Gewürzmischung
- 1 Esslöffel Olivenöl
- 1 Esslöffel frisch gehackte Petersilie

Wegbeschreibung:

1. Heizen Sie das Waffeleisen vor.
2. Schlagen Sie die Eier in eine Schüssel und fügen Sie den geriebenen Käse hinzu.
3. Mischen Sie, bis alles gut vermischt ist, fügen Sie dann die gehackten Frühlingszwiebeln hinzu und würzen Sie mit Salz und Pfeffer und getrocknetem Knoblauchpulver.

4. Rühren Sie das Mandelmehl ein und mischen Sie es, bis alles verbunden ist.
5. Pinseln Sie das aufgeheizte Waffeleisen mit Butter ein und geben Sie ein paar Esslöffel des Teigs hinein.
6. Schließen Sie den Deckel und kochen Sie je nach Waffeleisen ca. 7-8 Minuten.
7. Während die Hähnchen kochen, das Rührei, indem Sie die Eier in einer Schüssel schaumig schlagen, etwa 2 Minuten. Mit Salz und schwarzem Pfeffer abschmecken und die italienische Gewürzmischung hinzufügen. Verquirlen Sie die Gewürze, um sie zu vermischen.
8. Erhitzen Sie das Öl in einer Antihaft-Pfanne bei mittlerer Hitze.
9. Gießen Sie die Eier in die Pfanne und kochen Sie, bis die Eier nach Ihrem Geschmack fest sind.
10. Jede Chaffle servieren und mit einigen Rühreiern belegen. Mit frisch gehackter Petersilie garnieren.

Ernährung: Kalorien: 165; Gesamtfett: 15g; Kohlenhydrate: 4g; Netto-Kohlenhydrate: 2g;

Ballaststoffe: 2g; Eiweiß: 6g

10. Ei und eine Cheddar-Käse-Chaffel

Zubereitungszeit: 10 Minuten

Kochzeit: 7-9 Minuten

Portionen: 4

Zutaten:

Batterie

- 4 Eier
- 2 Tassen geschredderter weißer Cheddar-Käse
- Salz und Pfeffer nach Geschmack

Andere

- 2 Esslöffel Butter zum Einpinseln des Waffeleisens
- 4 große Eier
- 2 Esslöffel Olivenöl

Wegbeschreibung:

1. Heizen Sie das Waffeleisen vor.
2. Schlagen Sie die Eier in eine Schüssel und verquirlen Sie sie mit einer Gabel.
3. Den geriebenen Cheddar-Käse einrühren und mit Salz und Pfeffer würzen.
4. Pinseln Sie das aufgeheizte Waffeleisen mit Butter ein und geben Sie ein paar Esslöffel des Teigs hinein.
5. Schließen Sie den Deckel und kochen Sie je nach Waffeleisen ca. 7-8 Minuten.
6. Während die Chaffeln kochen, kochen Sie die Eier.
7. Erhitzen Sie das Öl in einer großen Antihaft-Pfanne mit Deckel bei mittlerer bis niedriger Hitze für 2-3 Minuten
8. Schlagen Sie ein Ei in eine kleine Auflaufform und geben Sie es vorsichtig in die Pfanne. Wiederholen Sie den Vorgang für die anderen 3 Eier.

9. Bedecken Sie sie und lassen Sie sie 2 bis 2 ½ Minuten kochen, damit die Eier fest werden, aber das Eigelb noch flüssig ist.
10. Vom Herd nehmen.
11. Zum Servieren je eine Spreu auf einen Teller geben und mit einem Ei belegen. Mit Salz und schwarzem Pfeffer nach Geschmack würzen.

Ernährung: Kalorien: 74; Gesamtfett: 7g; Kohlenhydrate: 1g; Netto-Kohlenhydrate: 0g;

Ballaststoffe: 0g; Eiweiß: 3g

MITTAGESSEN CHAFFLE REZEPTE

11. Hähnchen-Häppchen mit Chaffles

Zubereitungszeit: 10 Minuten

Kochzeit: 10 Minuten

Portionen: 2

Zutaten:

- 1 Hähnchenbrust, in 2 x2 Zoll große Stücke geschnitten
- 1 Ei, verquirlt
- 1/4 Tasse Mandelmehl
- 2 Esslöffel Zwiebelpulver
- 2 Esslöffel Knoblauchpulver
- 1 Teelöffel getrockneter Oregano
- 1 Teelöffel Paprikapulver
- 1 Teelöffel Salz
- 1/2 Teelöffel schwarzer Pfeffer
- 2 Esslöffel Avocadoöl

Wegbeschreibung:

1. Geben Sie alle trockenen Zutaten zusammen in eine große Schüssel. Gut mischen.
2. Geben Sie die Eier in eine separate Schüssel.
3. Tauchen Sie jedes Hähnchenteil in das Ei und dann in die trockenen Zutaten.
4. Öl in einer 10-Zoll-Pfanne erhitzen, Öl hinzufügen.
5. Sobald das Avocadoöl heiß ist, geben Sie die beschichteten Hähnchen-Nuggets in die Pfanne und braten sie 6-8 Minuten, bis sie gar und goldbraun sind.

6. Mit Chaffeln und Himbeeren servieren.
7. Viel Spaß!

Ernährung: Gesamtkalorien 401 kcal Fette 219 g Eiweiß 32,35 g Nektar 1,46 g Ballaststoffe 3 g

12. Fisch und Chaffle Bites

Zubereitungszeit: 10 Minuten

Kochzeit: 15 Minuten

Portionen: 2

Zutaten:

- 1 lb. Kabeljaufilets, in 4 Scheiben geschnitten
- 1 Teelöffel Meersalz
- 1 Teelöffel Knoblauchpulver
- 1 Ei, verquirlt
- 1 Tasse Mandelmehl
- 2 Esslöffel Avocadoöl

Chaffle Zutaten:

- 2 Eier
- 1/2 Tasse Cheddar-Käse
- 2 Esslöffel Mandelmehl
- ½ Teelöffel italienisches Gewürz

Wegbeschreibung:

1. Mischen Sie die Häckselzutaten in einer Schüssel und formen Sie 4 Quadrate
2. Legen Sie die Chaffles in einen vorgeheizten Chaffle Maker.
3. Mischen Sie das Salz, den Pfeffer und das Knoblauchpulver in einer Rührschüssel. Schwenken Sie die Kabeljauwürfel in dieser Mischung und lassen Sie sie 10 Minuten lang ziehen.
4. Tauchen Sie dann jede Kabeljauscheibe in die Eimischung und anschließend in das Mandelmehl.
5. Öl in der Pfanne erhitzen und Fischwürfel darin ca. 2-3 Minuten Utes, bis sie gar und gebräunt sind
6. Auf Chaffes servieren und genießen!

Ernährung: Eiweiß: 38% 121 kcal Fett: 59% 189 kcal
Kohlenhydrate: 3% 11 kcal

13. Grill Schweinefleisch Chaffle Sandwich

Zubereitungszeit: 10 Minuten

Kochzeit: 15 Minuten

Portionen:2

Zutaten:

- 1/2 Tasse Mozzarella, zerkleinert
- 1 Ei
- I Prise Knoblauchpulver

Schweinefleisch-Patty

- 1/2 Tasse Schweinefleisch, Minuten
- 1 Esslöffel grüne Zwiebel, gewürfelt
- 1/2 Teelöffel italienisches Gewürz
- Kopfsalatblätter

Wegbeschreibung:

1. Heizen Sie das quadratische Waffeleisen vor und fetten Sie es mit
2. Vermengen Sie Ei, Käse und Knoblauchpulver in einer kleinen Rührschüssel.
3. Gießen Sie den Teig in ein vorgeheiztes Waffeleisen und schließen Sie den Deckel.
4. Machen Sie aus diesem Teig 2 Chaffeln.
5. Garen Sie die Hähnchen ca. 2-3 Minuten, bis sie durchgebraten sind.
6. Mischen Sie in der Zwischenzeit die Zutaten für die Schweinefleischpastete in einer Schüssel und formen Sie 1 große Pastete.

7. Grillen Sie das Schweinefleischpatty im vorgeheizten Grill ca. 3-4 Minuten pro Seite, bis es durchgebraten ist.
8. Schweinefleischpastete zwischen zwei Salatblättern anrichten. Sandwich so schneiden, dass ein dreieckiges Sandwich entsteht.
9. Viel Spaß!

Ernährung: Eiweiß: 48% 85 kcal Fett: 48% 86 kcal Kohlenhydrate: 4% 7 kcal

14. Chaffles & Huhn Mittagsteller

Zubereitungszeit: 10 Minuten

Kochzeit: 15 Minuten

Portionen:2

Zutaten:

- 1 großes Ei
- 1/2 Tasse Jack-Käse, zerkleinert
- 1 Prise Salz

Für Servieren

- 1 Hähnchenkeule
- Salz
- Pfeffer
- 1 Teelöffel Knoblauch, Minuten
- 1 Ei
- 1 Teelöffel Avocadoöl

Wegbeschreibung:

1. Erhitzen Sie Ihr quadratisches Waffeleisen und fetten Sie es mit Kochspray ein.
2. Chaffle-Teig in die Pfanne geben und ca. 3 Minuten Utes kochen.
3. Erhitzen Sie in der Zwischenzeit das Öl in einer Pfanne bei mittlerer Hitze.
4. Sobald das Öl heiß ist, Hähnchenschenkel und Knoblauch hinzugeben und ca. 5 Minuten anbraten. Flip und kochen für weitere 3-4 Minuten.
5. Würzen Sie mit Salz und Pfeffer und mischen Sie sie gut durch.
6. Übertragen Sie den gegarten Schenkel auf einen Teller.
7. Braten Sie das Ei in der gleichen Pfanne für ca. 1-2 Minuten nach Belieben an.

8. Sobald die Chaffles gar sind, mit Spiegelei und Hähnchenschenkel servieren.
9. Viel Spaß!

Ernährung: Eiweiß: 31% 138 kcal Fett: 66% 292 kcal Kohlenhydrate: 2% kcal

15. Frikadellen-Ei-Sandwich

Zubereitungszeit: 10 Minuten

Kochzeit: 10 Minuten

Portionen:2

Zutaten:

- 2 Keto-Häcksel
- 2 Scheiben Cheddar-Käse
- 1 Ei einfaches Omelett

Wegbeschreibung:

1. Bereiten Sie Ihren Ofen auf 4000 F vor.
2. Eier-Omelett und Käsescheibe zwischen den Chaffeln anrichten.
3. Im vorgeheizten Backofen ca. 4-5 Minuten Utes backen, bis der Käse geschmolzen ist.
4. Sobald der Käse geschmolzen ist, aus dem Ofen nehmen.
5. Servieren und genießen!

Ernährung: Eiweiß: 29% 144 kcal Fett: % 337 kcal Kohlenhydrate: 3 % 14 kcal

16. Waffel-Minuten-Sandwich

Zubereitungszeit: 10 Minuten

Kochzeit: 10 Minuten

Portionen:2

Zutaten:

- 1 großes Ei
- 1/8 Tasse Mandelmehl
- 1/2 Teelöffel Knoblauchpulver
- 3/4 Teelöffel Backpulver
- 1/2 Tasse geschredderter Käse

Sandwich-Füllung

- 2 Scheiben Delikatessschinken
- 2 Scheiben Tomaten
- 1 Scheibe Cheddar-Käse

Wegbeschreibung:

1. Fetten Sie Ihr quadratisches Waffeleisen ein und heizen Sie es auf mittlerer Stufe vor.
2. Mischen Sie die Zutaten für das Häckselgut in einer Rührschüssel, bis sie gut miteinander verbunden sind.
3. Gießen Sie den Teig in eine quadratische Waffel und machen Sie zwei Waffeln.
4. Sobald die Hähnchen gegart sind, nehmen Sie sie aus dem Gerät.
5. Für ein Sandwich ordnen Sie Deli-Schinken, Tomatenscheibe und Cheddarkäse zwischen zwei Chaffeln an.
6. Schneiden Sie das Sandwich in der Mitte durch.
7. Servieren und genießen!

Ernährung: Eiweiß: 29% 70 kcal Fett: 66% 159 kcal Kohlenhydrate: 4% 10 kcal

17. Waffel-Käse-Sandwich

Zubereitungszeit: 10 Minuten

Kochzeit: 10 Minuten

Portionen: 1

Zutaten:

- 2 Quadrat Keto-Häcksel
- 2 Scheiben Cheddar-Käse
- 2 Kopfsalatblätter

Wegbeschreibung:

1. Bereiten Sie Ihren Ofen auf 4000 F vor.
2. Salatblatt und Käsescheibe zwischen den Chaffeln anrichten.
3. Im vorgeheizten Backofen ca. 4-5 Minuten Utes backen, bis der Käse geschmolzen ist.
4. Sobald der Käse geschmolzen ist, aus dem Ofen nehmen.
5. Servieren und genießen!

Ernährung: Eiweiß: 28% kcal Fett: 69% 149 kcal Kohlenhydrate: 3% 6 kcal

18. Chicken Zinger Chaffle

Zubereitungszeit: 10 Minuten

Kochzeit: 15 Minuten

Portionen:2

Zutaten:

- 1 Hähnchenbrust, in 2 Stücke geschnitten
- 1/2 Tasse Kokosnussmehl
- 1/4 Tasse fein geriebener Parmesan
- 1 Teelöffel Paprika
- 1/2 Teelöffel Knoblauchpulver
- 1/2 Teelöffel Zwiebelpulver
- 1 Teelöffel Salz& Pfeffer
- 1 Ei verquirlt
- Avocadoöl zum Braten
- Kopfsalatblätter
- BBQ-Sauce

Chaffle Zutaten:

- 4 oz. Käse
- 2 ganze Eier
- 2 oz. Mandelmehl
- 1/4 Tasse Mandelmehl
- 1 Teelöffel Backpulver

Wegbeschreibung:

1. Mischen Sie die Zutaten für das Häckselgut in einer Schüssel.
2. Gießen Sie den Waffelteig in die vorgeheizte, gefettete, quadratische Waffelmaschine.
3. Garen Sie die Hähnchen ca. 2 Minuten lang, bis sie durchgegart sind.
4. Aus diesem Teig quadratische Chaffeln herstellen.

5. Währenddessen Kokosmehl, Parmesan, Paprika, Knoblauchpulver, Zwiebelpulver, Salz und Pfeffer in einer Schüssel vermengen.
6. Tauchen Sie das Hähnchen zuerst in die Kokosnussmehlmischung und dann in das verquirlte Ei.
7. Avocadoöl in einer Pfanne erhitzen und das Hähnchen von beiden Seiten anbraten, bis es leicht braun und gar ist.
8. Hähnchen-Zinger zwischen zwei Chaffeln mit Salat und BBQ-Sauce setzen.
9. Viel Spaß!

Ernährung: Eiweiß: 30% 219 kcal Fett: 60% 435 kcal Kohlenhydrate: 9% 66 kcal

19. Doppeltes Hühnerhackfleisch

Zubereitungszeit: 10 Minuten

Kochzeit: 5 Minuten

Portionen:2

Zutaten:

- 1/2 Tasse gekochtes geschreddertes Hühnerfleisch
- 1/4 Tasse Cheddar-Käse
- 1/8 Tasse Parmesankäse
- 1 Ei
- 1 Teelöffel italienisches Gewürz
- 1/8 Teelöffel Knoblauchpulver
- 1 Teelöffel Frischkäse

Wegbeschreibung:

1. Heizen Sie das belgische Waffeleisen vor.
2. Mischen Sie die Zutaten für das Häckselgut in einer Schüssel und vermengen Sie sie.
3. 1 EL Käse in ein Waffeleisen streuen und den Waffelteig einfüllen.
4. 1 Esslöffel Käse über den Teig geben und den Deckel schließen.
5. Garen Sie die Hähnchen für etwa 4 bis Minuten Utes.
6. Servieren Sie dazu einen Chicken Zinger und genießen Sie den doppelten Hähnchengeschmack.

Ernährung: Eiweiß: 30% 60 kcal Fett: 65% 129 kcal Kohlenhydrate. 5% 9 kcal

ABENDESSEN CHAFFLE REZEPTE

20. Italienische Wurstfrikadellen

Zubereitungszeit: 10 Minuten

Kochzeit: 8 Minuten

Portionen: 2

Zutaten:

- 1 Ei, verquirlt
- 1 Tasse Cheddar-Käse, geraspelt
- ¼ Tasse Parmesankäse, gerieben
- 1 lb. italienische Wurst, zerbröckelt
- 2 Teelöffel Backpulver
- 1 Tasse Mandelmehl

Wegbeschreibung:

1. Heizen Sie Ihr Waffeleisen vor.
2. Mischen Sie alle Zutaten in einer Schüssel.
3. Gießen Sie die Hälfte der Mischung in das Waffeleisen.
4. Zudecken und minutenlang kochen.
5. Auf einen Teller übertragen.
6. Abkühlen lassen, damit es knusprig wird.
7. Führen Sie die gleichen Schritte durch, um das nächste Häckselgut herzustellen.

Ernährung: Kohlenhydrate: 1 g Fette: 62 g Proteine: 28 g Kalorien: 680

21. Chaffles mit Erdbeer-Frosty

Zubereitungszeit: 10 Minuten

Kochzeit: 5 Minuten

Portionen:2

Zutaten:

- 1 Tasse gefrorene Erdbeeren
- 1/2 Becher Schlagsahne
- 1 Teelöffel Stevia
- 1 Messlöffel Proteinpulver
- 3 Keto-Häferl

Wegbeschreibung:

1. Mischen Sie alle Zutaten in einer Rührschüssel.
2. Masse in Silikonformen gießen und im Gefrierschrank ca. 4 Stunden einfrieren, bis sie fest ist.
3. Sobald das Frosting fest ist, auf die Keto Chaffles geben und genießen!

Ernährung: Kohlenhydrate: 9 g Fette: 36 g Proteine: 32 g Kalorien: 474

22. Pekannuss-Kürbis-Chaffle

Zubereitungszeit: 20 Minuten

Kochzeit: 15 Minuten

Portionen: 2

Zutaten:

- 1 Ei
- 2 Esslöffel Pekannüsse, geröstet und gehackt
- 2 Esslöffel Mandelmehl
- 1 Teelöffel Erythrit
- 1/4 Teelöffel Kürbiskuchengewürz
- 1 Esslöffel Kürbispüree
- 1/2 Tasse Mozzarella-Käse, gerieben

Wegbeschreibung:

1. Heizen Sie Ihr Waffeleisen vor.
2. Schlagen Sie das Ei in einer kleinen Schüssel auf.
3. Fügen Sie die restlichen Zutaten hinzu und mischen Sie sie gut.
4. Besprühen Sie das Waffeleisen mit Kochspray.
5. Gießen Sie die Hälfte des Teigs in das heiße Waffeleisen und kochen Sie ihn für einige Minuten oder bis er goldbraun ist. Wiederholen Sie den Vorgang mit dem restlichen Teig.
6. Servieren und genießen.

Ernährung: Kalorien: 240 Fett gesamt: 16 g Eiweiß: 21 g Kohlenhydrate gesamt: 3g

Ballaststoffe: 1g Netto-Kohlenhydrate: 2g

23. Pikante Gruyere & Schnittlauch Schnitzel

Zubereitungszeit: 20 Minuten

Kochzeit: 14 Minuten

Portionen: 2

Zutaten:

- 2 Eier, verquirlt
- 1 Tasse fein geriebener Gruyere-Käse
- 2 Esslöffel fein geriebener Cheddar-Käse
- 1/8 Teelöffel frisch gemahlener schwarzer Pfeffer
- 3 Esslöffel gehackter frischer Schnittlauch + mehr zum Garnieren
- 2 Sonnenschein-Spiegeleier als Topping

Wegbeschreibung:

1. Heizen Sie das Waffeleisen vor.
2. Mischen Sie in einer mittelgroßen Schüssel die Eier, den Käse, den schwarzen Pfeffer und den Schnittlauch.
3. Öffnen Sie das Bügeleisen und geben Sie die Hälfte der Mischung hinein.
4. Schließen Sie das Bügeleisen und kochen Sie, bis sie braun und knusprig sind, 7 Minuten.
5. Nehmen Sie das Häckselgut auf einen Teller und stellen Sie es beiseite.
6. Stellen Sie aus der restlichen Mischung ein weiteres Häckselgut her.
7. Je ein Spiegelei auf die Chaffeln geben, mit dem Schnittlauch garnieren und servieren.

Ernährung: Kalorien: 402 Fett gesamt: 30g Eiweiß: 30g Kohlenhydrate gesamt: 3g Ballaststoffe: 1g Kohlenhydrate netto: 2g

24. Schweizer Speckfrikadelle

Zubereitungszeit: 10 Minuten

Kochzeit: 8 Minuten

Portionen: 2

Zutaten:

- 1 Ei
- ½ Tasse Schweizer Käse
- 2 Esslöffel gekochter zerbröckelter Speck

Wegbeschreibung:

1. Heizen Sie Ihr Waffeleisen vor.
2. Schlagen Sie das Ei in einer Schüssel auf.
3. Rühren Sie den Käse und den Speck ein.
4. Gießen Sie die Hälfte der Mischung in das Gerät.
5. Schließen und 4 Minuten lang kochen.
6. Kochen Sie das zweite Häckselgut mit den gleichen Schritten.

Ernährung: Kalorien: 317 Fett gesamt: 18g Eiweiß: 38g Kohlenhydrate gesamt: 0g

Ballaststoffe: 0g Netto-Kohlenhydrate: 0g

25. Speck, Oliven & Cheddar Waffel

Zubereitungszeit: 10 Minuten

Kochzeit: 8 Minuten

Portionen: 2

Zutaten:

- 1 Ei
- ½ Tasse Cheddar-Käse, geraspelt
- 1 Esslöffel schwarze Oliven, gehackt
- 1 Esslöffel Speckstücke

Wegbeschreibung:

1. Schließen Sie Ihr Waffeleisen an.
2. Schlagen Sie das Ei in einer Schüssel auf und rühren Sie den Käse ein.
3. Fügen Sie die schwarzen Oliven und die Speckstücke hinzu.
4. Gut mischen.
5. Geben Sie die Hälfte der Mischung in das Waffeleisen.
6. Abdecken und 4 Minuten kochen.
7. Öffnen und auf einen Teller übertragen.
8. 2 Minuten abkühlen lassen.
9. Backen Sie das andere Häcksel mit dem restlichen Teig.

Ernährung: Kalorien: 733 Fett gesamt: 53g Eiweiß: 54g Kohlenhydrate gesamt: 10g

Ballaststoffe: 6g Netto-Kohlenhydrate: 4g

26. Knoblauch-Häcksel

Portionen: 2

Kochzeit: 8 Minuten

Zutaten:

- 1 Ei
- ½ Tasse Cheddar-Käse, geklopft
- 1 Teelöffel Kokosnussmehl
- Prise Knoblauchpulver

Wegbeschreibung:

1. Schließen Sie Ihr Waffeleisen an.
2. Schlagen Sie das Ei in einer Schüssel auf.
3. Rühren Sie die restlichen Zutaten ein.
4. Gießen Sie die Hälfte des Teigs in Ihr Waffeleisen.
5. Garen für 4 Minuten.
6. Nehmen Sie die Waffel heraus und lassen Sie sie 2 Minuten ruhen.
7. Führen Sie die gleichen Schritte mit dem restlichen Teig durch.

Nährwerte: Kalorien 273, Kohlenhydrate 5,7 g, Fett 12 g, Eiweiß 34 g, Natrium 689 mg, Zucker 0 g

27. Herby Chaffle Snacks

Zubereitungszeit: 30 Minuten

Kochzeit: 28 Minuten

Portionen: 4

Zutaten:

- 1 Ei, verquirlt
- ½ Tasse fein geriebener Monterey Jack-Käse
- ¼ Tasse fein geriebener Parmesankäse
- ½ Teelöffel getrocknete gemischte Kräuter

Wegbeschreibung:

1. Heizen Sie das Waffeleisen vor.
2. Mischen Sie alle Zutaten in einer mittelgroßen Schüssel
3. Öffnen Sie das Bügeleisen und geben Sie ein Viertel der Mischung hinein. Schließen und knusprig kochen, 7 Minuten.
4. Nehmen Sie das Häckselgut auf einen Teller und machen Sie 3 weitere mit den restlichen Zutaten.
5. Schneiden Sie jedes Häckselstück in Keile und plattieren Sie es.
6. Abkühlen lassen und servieren.

Nährwerte: Kalorien 203, Kohlenhydrate 4,7 g, Fett 10 g, Eiweiß 25 g, Natrium 479 mg, Zucker 0 g

28. Zucchini-Häcksel

Zubereitungszeit: 10 Minuten

Kochzeit: 8 Minuten

Portionen: 2

Zutaten:

- 1 Tasse Zucchini, gerieben
- ¼ Tasse Mozzarella-Käse, geraspelt
- 1 Ei, verquirlt
- ½ Tasse Parmesankäse, geraspelt
- 1 Teelöffel getrocknetes Basilikum
- Salz und Pfeffer nach Geschmack

Wegbeschreibung:

1. Heizen Sie Ihr Waffeleisen vor.
2. Streuen Sie eine Prise Salz über die Zucchini und mischen Sie sie.
3. 2 Minuten stehen lassen.
4. Wickeln Sie die Zucchini in ein Papiertuch und drücken Sie sie aus, um das Wasser loszuwerden.
5. In eine Schüssel umfüllen und die restlichen Zutaten einrühren.
6. Gießen Sie die Hälfte der Mischung in das Waffeleisen.
7. Schließen Sie das Gerät.
8. Garen für 4 Minuten.
9. Stellen Sie das zweite Häckselgut nach denselben Schritten her.

Ernährung: Kalorien 273, Kohlenhydrate 6 g, Fett 11 g, Eiweiß 37 g, Natrium 714 mg, Zucker 0 g

GRUNDREZEPTE FÜR SANDWICHES UND KUCHENHÄPPCHEN

29. Pecan Pie Cake Chaffle:

Zubereitungszeit: 15 Minuten

Kochzeit: 25 Minuten

Portionen: 2

Zutaten:

Für Pecan Pie Chaffle:

- Ei: 1
- Frischkäse: 2 Esslöffel.
- Ahorn-Extrakt: ½ Esslöffel.
- Mandelmehl: 4 Esslöffel.
- Sukrin Gold: 1 Esslöffel.
- Backpulver: ½ Esslöffel.
- Pekannuss: 2 Esslöffel, gehackt
- Schwere Schlagsahne: 1 Esslöffel.

Für die Pecan-Pie-Füllung:

- Butter: 2 Eßl.
- Sukrin Gold: 1 Esslöffel.
- Pekannuss: 2 Esslöffel, gehackt
- Schwere Schlagsahne: 2 Esslöffel.
- Ahornsirup: 2 Esslöffel.
- Eigelb: 2 groß
- Salz: eine Prise

Wegbeschreibung:

1. Geben Sie Süßstoff, Butter, Sirup und Schlagsahne in einen kleinen Topf und erhitzen Sie auf kleiner Flamme
2. Mischen Sie alle Zutaten gut miteinander
3. Vom Herd nehmen und Eigelb hinzufügen und mischen
4. Nun wieder auf Hitze stellen und umrühren
5. Pekannuss und Salz in die Mischung geben und köcheln lassen
6. Sie wird eindicken, dann vom Herd nehmen und ruhen lassen
7. Für die Chaffles alle Zutaten außer den Pekannüssen hinzufügen und pürieren
8. Nun Pekannuss mit einem Löffel hinzufügen
9. Ein Mini-Waffeleisen bei Bedarf vorheizen und einfetten
10. Gießen Sie die Mischung auf die untere Platte des Waffeleisens und verteilen Sie sie gleichmäßig, um die Platte gut zu bedecken, und schließen Sie den Deckel
11. Mindestens 4 Minuten kochen, um den gewünschten Crunch zu erhalten
12. Nehmen Sie das Häckselgut vom Herd und halten Sie es etwa eine Minute lang beiseite
13. Machen Sie so viele Waffeln, wie Ihre Mischung und Ihr Waffeleisen zulassen
14. 1/3 der zuvor zubereiteten Pekannusskuchen-Füllung auf die Chaffle geben und wie einen Kuchen anrichten

Ernährung: Kalorien: 205 Fett: 2 g Eiweiß: 13 g Kohlenhydrate: 31 g Ballaststoffe: 17 g

30. Deutscher Schokoladen-Kaffeekuchen:

Zubereitungszeit: 5 Minuten

Kochzeit: 10 Minuten

Portionen: 2

Zutaten:

Für Schokoladenkaffee:

- Ei: 1
- Frischkäse: 2 Esslöffel.
- Süßstoff in Pulverform: 1 Esslöffel.
- Vanilleextrakt: ½ Esslöffel.
- Instant-Kaffeepulver: ¼ Teelöffel.
- Mandelmehl: 1 Esslöffel.
- Kakaopulver: 1 Esslöffel (ungesüßt)

Zum Füllen:

- Eigelb: 1
- Schwere Sahne: ¼ Tasse
- Butter: 1 Esslöffel
- Süßstoff in Pulverform: 2 Esslöffel.
- Karamell: ½ Teelöffel.
- Kokosnussflocken: ¼ Tasse
- Kokosnussmehl: 1 Teelöffel.
- Pekannüsse: ¼ Tasse, gehackt

Wegbeschreibung:

1. Ein Mini-Waffeleisen bei Bedarf vorheizen und einfetten
2. Schlagen Sie die Eier in einer Rührschüssel auf und fügen Sie die restlichen Zutaten für das Häckselgut hinzu

3. Mischen Sie alles gut durch
4. Gießen Sie die Mischung auf die untere Platte des Waffeleisens und verteilen Sie sie gleichmäßig, um die Platte gut zu bedecken, und schließen Sie den Deckel
5. Mindestens 4 Minuten kochen, um den gewünschten Crunch zu erhalten
6. Nehmen Sie die Häcksel vom Herd und lassen Sie sie vollständig abkühlen
7. Machen Sie so viele Waffeln, wie Ihre Mischung und Ihr Waffeleisen zulassen
8. Verrühren Sie in einem kleinen Topf schwere Sahne, Eigelb, Süßstoff und Butter bei niedriger Hitze für etwa 5 Minuten
9. Vom Herd nehmen und die restlichen Zutaten für die Füllung hinzufügen
10. Stapeln Sie Waffeln aufeinander und geben Sie dazwischen eine Füllung zum Genießen

Ernährung: Kalorien: 260 Fett: 9 g Eiweiß: 9 g Kohlenhydrate: 36 g Ballaststoffe: 5 g

31. Mandel-Schokoladen-Kaffeekuchen:

Zubereitungszeit: 5 Minuten

Kochzeit: 10 Minuten

Portionen: 2

Zutaten:

Für Schokoladenkaffee:

- Ei: 1
- Frischkäse: 2 Esslöffel.
- Süßstoff in Pulverform: 1 Esslöffel.
- Vanilleextrakt: ½ Esslöffel.
- Instant-Kaffeepulver: ¼ Teelöffel.
- Mandelmehl: 1 Esslöffel.
- Kakaopulver: 1 Esslöffel (ungesüßt)

Für die Kokosnuss-Füllung:

- Geschmolzenes Kokosnussöl: 1 ½ Esslöffel.
- Schwere Sahne: 1 Esslöffel.
- Frischkäse: 4 Esslöffel.
- Süßstoff in Pulverform: 1 Esslöffel.
- Vanilleextrakt: ½ Esslöffel.
- Kokosnuss: ¼ Tasse fein geraspelt
- Ganze Mandeln: 14

Wegbeschreibung:

1. Ein Mini-Waffeleisen bei Bedarf vorheizen und einfetten
2. Geben Sie alle Zutaten für das Häckselgut in eine Rührschüssel
3. Mischen Sie alles gut durch

4. Gießen Sie die Mischung auf die untere Platte des Waffeleisens und verteilen Sie sie gleichmäßig, um die Platte gut zu bedecken
5. Schließen Sie den Deckel
6. Mindestens 4 Minuten kochen, um den gewünschten Crunch zu erhalten
7. Nehmen Sie das Häckselgut vom Herd und halten Sie es etwa eine Minute lang beiseite
8. Machen Sie so viele Waffeln, wie Ihre Mischung und Ihr Waffeleisen zulassen
9. Bis auf die Mandeln alle Zutaten für die Füllung in eine Schüssel geben und gut vermischen
10. Die Füllung auf die Chaffel streichen und mit einer weiteren Chaffel Mandeln darauf verteilen - die Chaffeln und Füllungen wie einen Kuchen stapeln und genießen

Ernährung: Kalorien: 85 Fett: 0,5 g Eiweiß: 4 g Kohlenhydrate: 6 g Ballaststoffe: 4g

32. Erdnussbutter-Keto-Häubchen-Kuchen

Zubereitungszeit: 5 Minuten

Kochzeit: 10 Minuten

Portionen: 2

Zutaten:

Für Chaffles:

- Ei: 1
- Erdnussbutter: 2 Esslöffel (zuckerfrei)
- Mönchsfrucht: 2 Esslöffel.
- Backpulver: ¼ Teelöffel.
- Erdnussbutter-Extrakt: ¼ Teelöffel.
- Schwere Schlagsahne: 1 Teel.

Für Erdnussbutter-Frosting:

- Mönchsfrucht: 2 Teel.
- Frischkäse: 2 Esslöffel.
- Butter: 1 Esslöffel
- Erdnussbutter: 1 Esslöffel (zuckerfrei)
- Vanille: ¼ Teelöffel.

Wegbeschreibung:

1. Ein Mini-Waffeleisen bei Bedarf vorheizen und einfetten
2. Schlagen Sie die Eier in einer Rührschüssel auf und fügen Sie alle Häckselzutaten hinzu
3. Mischen Sie alles gut und geben Sie die Mischung auf die untere Platte des Waffeleisens
4. Schließen Sie den Deckel
5. Mindestens 4 Minuten kochen, um den gewünschten Crunch zu erhalten

6. Nehmen Sie das Häckselgut vom Herd und stellen Sie es für einige Minuten beiseite
7. Machen Sie so viele Waffeln, wie Ihre Mischung und Ihr Waffeleisen zulassen
8. Geben Sie alle Zutaten für die Glasur in eine separate Schüssel und verquirlen Sie sie gut, damit sie eine einheitliche Konsistenz erhält.
9. Setzen Sie die Tortenstücke so zusammen, dass Sie zwischen zwei Tortenstücken die Glasur auftragen und die Torte bilden

Ernährung: Kalorien 214 Fett 8,6 g Gesättigtes Fett 1,5 g Kohlenhydrate 27,3 g Ballaststoffe 8,4 g Eiweiß 8 g

33. Italienische Sahnetorte mit Waffeln

Zubereitungszeit: 8 Minuten

Kochzeit: 12 Minuten

Portionen: 3

Zutaten:

Für Chaffle:

- Ei: 4
- Mozzarella-Käse: ½ Tasse
- Mandelmehl: 1 Esslöffel.
- Kokosnussmehl: 4 Esslöffel.
- Monkfruit-Süßstoff: 1 Eßl.
- Vanilleextrakt: 1 Teelöffel.
- Backpulver: 1 ½ Teelöffel.
- Zimtpulver: ½ Teelöffel.
- Butter: 1 Esslöffel (geschmolzen)
- Kokosnuss: 1 Teelöffel (geraspelt)
- Walnüsse: 1 Teelöffel (gehackt)

Für italienisches Cremefrosting:

- Frischkäse: 4 Esslöffel.
- Butter: 2 Eßl.
- Vanille: ½ Teelöffel.
- Mönchspfeffer-Süßstoff: 2 Esslöffel

Wegbeschreibung:

1. Eier, Frischkäse, Süßstoff, Vanille, Kokosnussmehl, geschmolzene Butter, Mandelmehl und Backpulver verrühren
2. Die Mischung cremig machen
3. Ein Mini-Waffeleisen bei Bedarf vorheizen und einfetten

4. Gießen Sie die Mischung auf die untere Platte des Waffeleisens
5. Schließen Sie den Deckel
6. Mindestens 4 Minuten kochen, um den gewünschten Crunch zu erhalten
7. Nehmen Sie das Häckselgut vom Herd und stellen Sie es zum Abkühlen beiseite
8. Machen Sie so viele Waffeln, wie Ihre Mischung und Ihr Waffeleisen zulassen
9. Mit Kokosraspeln und gehackten Walnüssen garnieren

Ernährung: Kalorien 69 Fett 3,7 g Gesättigtes Fett 0,6 g Kohlenhydrate 7,1 g

Ballaststoffe 1,8 g Eiweiß 2 g

34. Bananenkuchen Pudding Chaffle

Zubereitungszeit: 10 Minuten

Kochzeit: 1 Stunde

Portionen: 2

Zutaten:

Für Banana Chaffle:

- Frischkäse: 2 Esslöffel.
- Bananenextrakt: 1 Teelöffel.
- Mozzarella-Käse: ¼ Tasse
- Ei: 1
- Süßstoff: 2 Esslöffel.
- Mandelmehl: 4 Esslöffel.
- Backpulver: 1 Teelöffel.

Für Bananenpudding:

- Eigelb: 1 groß
- Süßstoff in Pulverform: 3 Esslöffel.
- Xanthangummi: ½ Teelöffel
- Schwere Schlagsahne: 1/2 Tasse
- Bananenextrakt: ½ Teelöffel.
- Salz: eine Prise

Wegbeschreibung:

1. Fügen Sie in einer Pfanne den pulverisierten Süßstoff, die Sahne und das Eigelb hinzu und schlagen Sie kontinuierlich, damit die Mischung eindickt
2. Nur eine Minute köcheln lassen
3. Xanthan in die Mischung geben und erneut verquirlen
4. Nehmen Sie die Pfanne vom Herd und fügen Sie Bananenextrakt und Salz hinzu und mischen Sie alles gut

5. Schieben Sie die Mischung in eine Glasschale und stellen Sie den Pudding kalt
6. Ein Mini-Waffeleisen bei Bedarf vorheizen und einfetten
7. Geben Sie alle Zutaten für das Häckselgut in eine Rührschüssel
8. Mischen Sie alles gut und geben Sie die Mischung auf die untere Platte des Waffeleisens
9. Schließen Sie den Deckel
10. Mindestens 5 Minuten kochen, um den gewünschten Crunch zu erhalten
11. Nehmen Sie das Häckselgut vom Herd und stellen Sie es für einige Minuten beiseite
12. Waffeln und Pudding nacheinander zu einer Torte stapeln

Ernährung: Kalorien 187 Fett 16,7 g Gesättigtes Fett 4,1 g Kohlenhydrate 6,7 g Ballaststoffe 2 g Eiweiß 3,3 g

35. Sahne-Kokosnuss-Kuchen

Zubereitungszeit: 20 Minuten

Garzeit: 1 Stunde 20 Minuten (abhängig von Ihrem Kühlschrank)

Portionen: 2

Zutaten:

Für Chaffles:

- Ei: 2
- Süßstoff in Pulverform: 2 Esslöffel.
- Frischkäse: 2 Esslöffel.
- Vanilleextrakt: 1/2 Teelöffel.
- Butter: 1 Esslöffel (geschmolzen)
- Kokosnuss: 2 Esslöffel (geraspelt)
- Kokosnuss-Extrakt: ½ Teelöffel.

Zum Füllen:

- Kokosnuss: ¼ Tasse (geraspelt)
- Butter: 2 Teel.
- Monkfruit-Süßstoff: 2 EL.
- Xanthangummi: ¼ Teelöffel
- Salz: eine Prise
- Eigelb: 2
- Mandel: 1/3 Tasse ungesüßt
- Kokosnussmilch: 1/3 Tasse

Zum Garnieren:

- Schlagsahne: nach eigenem Geschmack
- Kokosnuss: 1 Esslöffel (geraspelt)

Wegbeschreibung:

1. Ein Mini-Waffeleisen bei Bedarf vorheizen und einfetten

2. Geben Sie alle Zutaten für das Häckselgut in eine Rührschüssel
3. Mischen Sie alles gut und geben Sie die Mischung auf die untere Platte des Waffeleisens
4. Schließen Sie den Deckel
5. Mindestens 4 Minuten kochen, um den gewünschten Crunch zu erhalten
6. Nehmen Sie das Häckselgut vom Herd und stellen Sie es für einige Minuten beiseite
7. Machen Sie so viele Waffeln, wie Ihre Mischung und Ihr Waffeleisen zulassen
8. Für die Füllung Mandelmilch und Kokosnuss zusammen in einem kleinen Topf bei mittlerer Hitze so kochen, dass es nur dampft, aber nicht kocht
9. In einer anderen Schüssel die Eigelbe leicht verquirlen und die Milch kontinuierlich dazugeben
10. Erhitzen Sie die Mischung, damit sie eindickt, auch hier darf sie nicht kochen
11. Süßstoff hinzufügen und verquirlen, dabei nach und nach Xanthan hinzufügen
12. Vom Herd nehmen und alle anderen Zutaten mischen
13. Gut mischen und in den Kühlschrank stellen; die Mischung wird beim Abkühlen weiter eindicken
14. Setzen Sie die vorbereiteten Waffeln zusammen und cremen Sie sie übereinander, so dass eine tortenähnliche Form entsteht
15. Zum Schluss mit Kokosnüssen und Schlagsahne garnieren

Ernährung: Kalorien 299 Fett 24,7 g Gesättigtes Fett 5,1 g Kohlenhydrate 11,6 g Ballaststoffe 2,8 g Eiweiß 7 g

36. Flauschige weiße Chaffles

Zubereitungszeit: 10 Minuten

Kochzeit: 5 Minuten

Portionen: 4 Mini-Kaffeekuchen

Zutaten:

- 1 großes Ei
- 1 großes Eiweiß
- 2 Esslöffel Frischkäse
- ½ Tasse geriebener Mozzarella-Käse
- 2 Esslöffel Kokosnussmehl
- ¼ Tasse Mandelmehl
- ¼ Teelöffel Vanilleextrakt
- ½ Teelöffel Backpulver
- ¼ Tasse Swerve

Wegbeschreibung:

1. Heizen Sie das Mini-Waffeleisen vor.
2. Geben Sie das Ei, das Eiweiß, den Frischkäse und den Mozzarella in einen Mixer. Verarbeiten Sie die Masse, bis sie glatt ist. Fügen Sie die restlichen Zutaten hinzu und verarbeiten Sie sie erneut.
3. Löffeln Sie ein Viertel des Teigs in das Waffeleisen. Backen Sie die Waffeln 2 bis 4 Minuten lang oder bis sie goldbraun sind. Übertragen Sie die Waffeln zum Abkühlen auf ein Kühlgestell. Wiederholen Sie den Vorgang mit dem restlichen Teig.
4. Sofort servieren.

Ernährung: Kalorien 224 Fett 18 g Gesättigtes Fett 3,9 g Kohlenhydrate 6,1 g Ballaststoffe 3,6 g Eiweiß 10,6 g

37. Heidelbeere Keto Chaffle

Zubereitungszeit: 3 Minuten

Kochzeit: 15 Minuten

Portionen: 5

Zutaten:

- 2 Eier
- 1 Tasse Mozzarella-Käse
- 2 Esslöffel Mandelmehl
- 2 Teelöffel Swerve, plus zusätzlich zum Servieren
- 1 Teelöffel Backpulver
- 1 Teelöffel Zimt
- 3 Esslöffel Heidelbeeren
- Antihaft-Kochspray

Wegbeschreibung:

1. Heizen Sie das Mini-Waffeleisen vor.
2. Verrühren Sie die Eier, den Mozzarella-Käse, das Mandelmehl, Swerve, das Backpulver, den Zimt und die Blaubeeren in einer Rührschüssel. Besprühen Sie das Waffeleisen mit Antihaft-Kochspray.
3. Gießen Sie jeweils etwas weniger als ¼ Tasse Blaubeerwaffelteig hinein.
4. Schließen Sie den Deckel und garen Sie das Häckselgut 3 bis 5 Minuten lang. Prüfen Sie bei der 3-Minuten-Marke, ob sie knusprig und braun sind. Wenn dies nicht der Fall ist oder die Waffeln an der Oberseite des Waffeleisens kleben, schließen Sie den Deckel und kochen Sie weitere 1 bis 2 Minuten.
5. Mit zusätzlichem Swerve bestreut servieren.

Ernährung: Kalorien: 370 Eiweiß: 36 g Kohlenhydrate: 14 g Fette: 19 g

38. Keto Geburtstagskuchen Chaffle Rezept mit Streuseln

Zubereitungszeit: 10 Minuten

Kochzeit: 7 Minuten

Portionen: 4

Zutaten:

Zutaten für Waffelkuchen:

- 2 Eier
- 1/4 Mandelmehl
- 1 Tasse Kokosnusspulver
- 1 Tasse geschmolzene Butter
- 2 Esslöffel Frischkäse
- 1 Teelöffel Kuchenbutterextrakt
- 1 Teelöffel Vanilleextrakt
- 2 Teelöffel Backpulver
- 2 Teelöffel Süßstoff oder Mönchsfrucht
- 1/4 Teelöffel Xanthanpulver Schlagsahne

Zutaten für Vanilleglasur

- 1/2 Tasse schwere Schlagsahne
- 2 Esslöffel Süßstoff oder Mönchsfrucht
- 1/2 Teelöffel Vanilleextrakt

Wegbeschreibung:

1. Das Mini-Waffeleisen ist vorgeheizt.
2. Geben Sie alle Zutaten des Häckselkuchens in einen mittelgroßen Mixer und pürieren Sie ihn bis zur Spitze, bis er glatt und cremig ist. Lassen Sie den Teig nur eine Minute ruhen. Er mag ein wenig wässrig erscheinen, aber er wird gut funktionieren.

3. Geben Sie 2 bis 3 Esslöffel Teig in Ihr Waffeleisen und backen Sie ihn etwa 2 bis 3 Minuten lang goldbraun.
4. Beginnen Sie in einer separaten Schüssel mit dem Zuckerguss der geschlagenen Vanillecreme.
5. Fügen Sie alle Zutaten hinzu und mischen Sie sie mit einem Handmixer, bis die Schlagsahne dicke und weiche Spitzen bildet.
6. Lassen Sie den Kuchen vor dem Glasieren vollständig abkühlen. Wenn Sie ihn zu früh glasieren, schmilzt die Glasur.
7. Viel Spaß!

Ernährung: Kalorien: 138 Eiweiß: 11 g Kohlenhydrate: 8 g Fette: 7 g

DESSERT CHAFFLE REZEPTE

39. Italienische Sahne Waffel Sandwich-Kuchen

Zubereitungszeit: 8 Minuten

Kochzeit: 20 Minuten

Portionen: 2

Zutaten:

- 4 oz Frischkäse, erweicht, bei Raumtemperatur
- 4 Eier
- 1 Esslöffel geschmolzene Butter
- 1 Teelöffel Vanilleextrakt
- ½ Teelöffel Zimt
- 1 Esslöffel Mönchsfrucht-Süßstoff
- 4 Esslöffel Kokosnussmehl
- 1 Esslöffel Mandelmehl
- 1½ Teelöffel Backpulver
- 1 Esslöffel Kokosnuss, geraspelt und ungesüßt
- 1 Esslöffel Walnüsse, gehackt

Für die italienische Cremeglasur:

- 2 oz Frischkäse, erweicht, bei Raumtemperatur
- 2 EL Butter Raumtemperatur
- 2 Esslöffel Mönchsfrucht-Süßstoff
- ½ Teelöffel Vanille

Wegbeschreibung:

1. Kombinieren Sie Frischkäse, Eier, geschmolzene Butter, Vanille, Süßstoff, Mehle und Backpulver in einem Mixer.

2. Fügen Sie Walnüsse und Kokosnuss zu der Mischung hinzu.
3. Pürieren Sie, bis eine cremige Mischung entsteht.
4. Schalten Sie das Waffeleisen ein und ölen Sie es mit Kochspray ein.
5. Geben Sie so viel Teig hinzu, dass das Waffeleisen gefüllt ist. 2 bis 3 Minuten garen, bis die Waffeln fertig sind.
6. Entfernen Sie sie und lassen Sie sie abkühlen.
7. Mischen Sie alle Zutaten für die Glasur in einer anderen Schüssel. Rühren Sie, bis sie glatt und cremig sind.
8. Frieren Sie die Waffeln ein, sobald sie abgekühlt sind.
9. Mit Sahne und weiteren Nüssen garnieren.

Ernährung Kalorien: 200 Fett: 8g Kohlenhydrate: 3g Eiweiß: 26g

40. Schlagsahne Chaffle

Zubereitungszeit: 5 Minuten

Kochzeit: 8 Minuten

Portionen: 2

Zutaten:

- 1 Bio-Ei, verquirlt
- 1 Esslöffel schwere Schlagsahne
- 2 Esslöffel zuckerfreies Erdnussbutterpulver
- 2 Esslöffel Erythritol
- ¼ Teelöffel Bio-Backpulver
- ¼ Teelöffel Erdnussbutter-Extrakt

Wegbeschreibung:

1. Heizen Sie ein Mini-Waffeleisen vor und fetten Sie es anschließend ein.
2. Geben Sie alle Zutaten in eine mittelgroße Schüssel und mischen Sie sie mit einer Gabel, bis sie gut miteinander verbunden sind.
3. Legen Sie die Hälfte der Mischung in das vorgeheizte Waffeleisen und backen Sie sie ca. 4 Minuten oder bis sie goldbraun ist.
4. Wiederholen Sie den Vorgang mit der restlichen Mischung.
5. Warm servieren.

Ernährung Kalorien: 464 Fett: 34g Kohlenhydrate: 3g Eiweiß: 34g

41. Zimt-Kürbis-Kaffeekuchen

Zubereitungszeit: 8 Minuten

Kochzeit: 16 Minuten

Portionen: 2

Zutaten:

- 2 Bio-Eier
- 2/3 Tasse Mozzarella-Käse, zerkleinert
- 3 Esslöffel zuckerfreies Kürbispüree
- 3 Teelöffel Mandelmehl
- 2 Teelöffel granuliertes Erythritol
- 2 Teelöffel gemahlener Zimt

Wegbeschreibung:

1. Heizen Sie ein Mini-Waffeleisen vor und fetten Sie es anschließend ein.
2. Geben Sie alle Zutaten in eine mittelgroße Schüssel und vermischen Sie sie mit einer Gabel, bis sie gut miteinander verbunden sind.
3. Legen Sie die Hälfte der Mischung in das vorgeheizte Waffeleisen und backen Sie sie ca. 4 Minuten oder bis sie goldbraun ist.
4. Wiederholen Sie den Vorgang mit der restlichen Mischung.
5. Warm servieren.

Ernährung Kalorien: 200 Fett: 11g Kohlenhydrate: 6g Eiweiß: 11g

42. Rote Samtchaffeln

Zubereitungszeit: 5 Minuten

Kochzeit: 8 Minuten

Portionen: 2

Zutaten:

- 2 Esslöffel Kakao-Pulver
- 2 Esslöffel Erythritol
- 1 Bio-Ei, verquirlt
- 2 Tropfen superrote Lebensmittelfarbe
- ¼ Teelöffel Bio-Backpulver
- 1 Esslöffel schwere Schlagsahne

Wegbeschreibung:

1. Heizen Sie ein Mini-Waffeleisen vor und fetten Sie es anschließend ein.
2. Geben Sie alle Zutaten in eine mittelgroße Schüssel und vermischen Sie sie mit einer Gabel, bis sie gut miteinander verbunden sind.
3. Die Hälfte der Mischung in das vorgeheizte Waffeleisen geben und ca. 4 Minuten backen.
4. Wiederholen Sie den Vorgang mit der restlichen Mischung.
5. Warm servieren.

Ernährung Kalorien: 325 Fett: 24g Kohlenhydrate: 3g Eiweiß: 16g

43. Mayonnaise-Haferflocken

Zubereitungszeit: 5 Minuten

Kochzeit: 10 Minuten

Portionen: 3

Zutaten:

- 1 großes Bio-Ei, verquirlt1 Esslöffel Mayonnaise
- 2 Esslöffel Mandelmehl
- 1/8 Teelöffel Bio-Backpulver
- 1 Teelöffel Wasser2-4 Tropfen flüssiges Stevia

Wegbeschreibung:

1. Heizen Sie ein Mini-Waffeleisen vor und fetten Sie es anschließend ein.
2. Geben Sie alle Zutaten in eine mittelgroße Schüssel und vermischen Sie sie mit einer Gabel, bis sie gut miteinander verbunden sind. Die Hälfte der Mischung in das vorgeheizte Waffeleisen geben und ca. 4-5 Minuten backen.
3. Wiederholen Sie den Vorgang mit der restlichen Mischung.
4. Warm servieren.

Ernährung Kalorien: 502 Fett: 39g Kohlenhydrate: 01,8g Eiweiß: 34g

44. Schokolade-Erdnussbutter-Chaffle

Zubereitungszeit: 5 Minuten

Kochzeit: 10 Minuten

Portionen: 2

Zutaten:

- ½ Tasse geschredderter Mozzarella-Käse
- 1 Esslöffel Kakaopulver
- 2 Esslöffel pulverisierter Süßstoff
- 2 Esslöffel Erdnussbutter
- ½ Teelöffel Vanille
- 1 Ei
- 2 Esslöffel zerstoßene Erdnüsse
- 2 Esslöffel Schlagsahne
- ¼ Tasse zuckerfreier Schokoladensirup

Wegbeschreibung:

1. Kombinieren Sie Mozzarella, Ei, Vanille, Erdnussbutter, Kakaopulver und Süßstoff in einer Schüssel.
2. Erdnüsse hinzugeben und gut mischen.
3. Schalten Sie das Waffeleisen ein und ölen Sie es mit Kochspray ein.
4. Gießen Sie die Hälfte des Teigs in das Waffeleisen und kochen Sie ihn einige Minuten lang, dann geben Sie ihn auf einen Teller.
5. Mit Schlagsahne, Erdnüssen und zuckerfreiem Schokoladensirup garnieren.

Ernährung: Kalorien 112 Fett 10 g Cholesterin 0 mg Kohlenhydrate 8 g Zucker 5 g Ballaststoffe 2 g Eiweiß 2 g

45. Lemon Curd Chaffles

Zubereitungszeit: 5 Minuten

Kochzeit: 5 Minuten

Portionen: 1

Zutaten:

- 3 große Eier
- 4 oz Frischkäse, erweicht
- 1 Esslöffel Low-Carb-Süßstoff
- 1 Teelöffel Vanilleextrakt
- ¾ Tasse Mozzarella-Käse, zerkleinert
- 3 Esslöffel Kokosnussmehl
- 1 Teelöffel Backpulver
- 1/3 Teelöffel Salz

Für das Lemon Curd:

- ½-1 Tasse Wasser
- 5 Eigelb
- ½ Tasse Zitronensaft
- ½ Tasse pulverisierter Süßstoff
- 2 Esslöffel frische Zitronenschale
- 1 Teelöffel Vanilleextrakt
- Prise Salz
- 8 Esslöffel kalte Butter, gewürfelt

Wegbeschreibung:

1. Gießen Sie Wasser in einen Kochtopf und erhitzen Sie es auf mittlerer Stufe, bis es leicht kocht. Beginnen Sie mit ½ Tasse und fügen Sie bei Bedarf mehr hinzu.

2. Eigelb, Zitronensaft, Zitronenschale, Süßstoffpulver, Vanille und Salz in einer mittleren hitzebeständigen Schüssel verquirlen. Lassen Sie sie 5-6 Minuten lang fest werden.

3. Stellen Sie die Schüssel auf den Kochtopf und erhitzen Sie sie. Die Schüssel sollte das Wasser nicht berühren.
4. Verquirlen Sie die Mischung 8-10 Minuten lang, oder bis sie einzudicken beginnt.
5. Die Butterwürfel hinzufügen und 7 Minuten lang schlagen, bis sie eindickt.
6. Wenn sie die Rückseite eines Löffels leicht beschichtet, vom Herd nehmen.
7. Kühl stellen, damit die Masse weiter eindicken kann.
8. Schalten Sie das Waffeleisen ein und ölen Sie es mit Kochspray ein.
9. Fügen Sie Backpulver, Kokosnussmehl und Salz in einer kleinen Schüssel hinzu. Gut mischen und beiseite stellen.
10. Geben Sie Eier, Frischkäse, Süßstoff und Vanille in eine separate Schüssel. Mit einem Handrührgerät schaumig schlagen.
11. Mozzarella zur Eimischung geben und erneut schlagen.
12. Fügen Sie die trockenen Zutaten hinzu und mischen Sie sie, bis sie gut miteinander verbunden sind.
13. Den Teig in das Waffeleisen geben und 3-4 Minuten backen.
14. Auf einen Teller geben und vor dem Servieren mit Zitronenquark bestreichen.

Ernährung: Kalorien 126 Fett 8 g Cholesterin 0 mg Kohlenhydrate 14 g Zucker 4 g Ballaststoffe 2 g Eiweiß 3 g Natrium 108 mg Kalzium 55 mg Phosphor 70 mg Kalium 298 mg

46. Walnuss-Kürbis-Kaffeekuchen

Zubereitungszeit: 5 Minuten

Kochzeit: 10 Minuten

Portionen: 2

Zutaten:

- 1 Bio-Ei, verquirlt
- ½ Tasse Mozzarella-Käse, geraspelt
- 2 Esslöffel Mandelmehl
- 1 Esslöffel zuckerfreies Kürbispüree
- 1 Teelöffel Erythritol
- ¼ Teelöffel gemahlener Zimt
- 2 Esslöffel Walnüsse, geröstet und gehackt

Wegbeschreibung:

1. Heizen Sie ein Mini-Waffeleisen vor und fetten Sie es anschließend ein.
2. Geben Sie alle Zutaten außer den Walnüssen in eine Schüssel und schlagen Sie sie, bis sie sich gut verbinden.
3. Heben Sie die Walnüsse unter.
4. Legen Sie die Hälfte der Mischung in das vorgeheizte Waffeleisen und backen Sie sie ca. 5 Minuten oder bis sie goldbraun ist.
5. Wiederholen Sie den Vorgang mit der restlichen Mischung.
6. Warm servieren.

Ernährung: Kalorien 146 Fett 5 g Cholesterin 35 mg Kohlenhydrate 8 g Zucker 4 g Ballaststoffe 0 g Eiweiß 16 g Natrium 58 mg Kalzium 18 mg Phosphor 125 mg Kalium 212 mg

47. Eiweiß-Mozzarella-Häppchen

Zubereitungszeit: 8 Minuten

Kochzeit: 20 Minuten

Portionen: 2

Zutaten:

- ½ Messlöffel ungesüßtes Proteinpulver
- 2 große Bio-Eier
- ½ Tasse Mozzarella-Käse, geraspelt
- 1 Esslöffel Erythritol
- ¼ Teelöffel Bio-Vanilleextrakt

Wegbeschreibung:

1. Heizen Sie ein Mini-Waffeleisen vor und fetten Sie es anschließend ein.
2. Geben Sie alle Zutaten in eine mittelgroße Schüssel und vermischen Sie sie mit einer Gabel, bis sie gut miteinander verbunden sind.
3. Geben Sie ¼ der Mischung in das vorgeheizte Waffeleisen und backen Sie sie ca. 4-5 Minuten oder bis sie goldbraun ist.
4. Wiederholen Sie den Vorgang mit der restlichen Mischung.
5. Warm servieren.

Ernährung: Kalorien 400 Fett 21 g Cholesterin 0 mg Kohlenhydrate 46 g Zucker 2 g Ballaststoffe 3 g Eiweiß 11 g Natrium 6 mg Kalzium 64 mg Phosphor 113 mg Kalium 202 mg

48. Schokoladenchips-Erdnussbutter-Kaffees

Zubereitungszeit: 5 Minuten

Kochzeit: 8 Minuten

Portionen: 4

Zutaten:

- 1 Bio-Ei, verquirlt
- ¼ Tasse Mozzarella-Käse, geraspelt
- 2 Esslöffel cremige Erdnussbutter
- 1 Esslöffel Mandelmehl
- 1 Esslöffel granuliertes Erythritol
- 1 Teelöffel Bio-Vanilleextrakt
- 1 Esslöffel 70%ige dunkle Schokoladenstückchen

Wegbeschreibung:

1. Heizen Sie ein Mini-Waffeleisen vor und fetten Sie es anschließend ein.
2. Geben Sie alle Zutaten außer den Schokoladenstückchen in eine Schüssel und schlagen Sie sie, bis sie sich gut verbinden.
3. Heben Sie die Schokoladenspäne vorsichtig unter.
4. Geben Sie die Hälfte der Mischung in das vorgeheizte Waffeleisen und backen Sie die Waffeln ca. Minuten oder bis sie goldbraun sind.
5. Wiederholen Sie den Vorgang mit der restlichen Mischung.
6. Warm servieren.

Ernährung: Kalorien 47 Fett 1 g Cholesterin 0 g Kohlenhydrate 8 g Zucker 6 g Ballaststoffe 2 g Eiweiß 2 g Natrium 104 mg Kalzium 36 mg Phosphor 52 mg Kalium 298 mg

49. Dessert Kürbiskaffee

Zubereitungszeit: 5 Minuten

Kochzeit: 12 Minuten

Portionen: 3

Zutaten:

- 1 Bio-Ei, verquirlt
- ½ Tasse Mozzarella-Käse, geraspelt
- 1½ Esslöffel hausgemachtes Kürbispüree
- ½ Teelöffel Erythritol
- ½ Teelöffel Bio-Vanille-Extrakt
- ¼ Teelöffel Kürbiskuchengewürz

Wegbeschreibung:

1. Heizen Sie ein Mini-Waffeleisen vor und fetten Sie es anschließend ein.
2. Geben Sie alle Zutaten in eine Schüssel und schlagen Sie sie, bis sie sich gut verbinden.
3. Geben Sie ¼ der Mischung in das vorgeheizte Waffeleisen und backen Sie sie ca. 4-6 Minuten oder bis sie goldbraun ist.
4. Wiederholen Sie den Vorgang mit der restlichen Mischung.
5. Warm servieren.

Ernährung: Kalorien 300 Fett 19 g Cholesterin 0 mg Kohlenhydrate 34 g Zucker 11 g Ballaststoffe 5 g Eiweiß 6 g Natrium 6 mg Kalzium 30 mg Phosphor 144 mg Kalium 296 mg

50. Zitronen-Kaffeekuchen

Zubereitungszeit: 5 Minuten

Kochzeit: 10 Minuten

Portionen: 2

Zutaten:

- 1 Bio-Ei, verquirlt
- 1 Unze Frischkäse, erweicht
- 2 Esslöffel Mandelmehl
- 1 Esslöffel frischer Zitronensaft
- 2 Teelöffel Erythritol
- ½ Teelöffel frische Zitronenschale, gerieben
- ¼ Teelöffel Bio-Backpulver
- Prise Salz
- ½ Teelöffel pulverisiertes Erythritol

Wegbeschreibung:

1. Heizen Sie ein Mini-Waffeleisen vor und fetten Sie es anschließend ein.
2. Geben Sie alle Zutaten außer dem Erythrit-Pulver in eine Schüssel und schlagen Sie sie, bis sie gut miteinander verbunden sind.
3. Legen Sie die Hälfte der Mischung in das vorgeheizte Waffeleisen und backen Sie sie ca. 5 Minuten oder bis sie goldbraun ist.
4. Wiederholen Sie den Vorgang mit der restlichen Mischung.
5. Warm servieren und mit pulverisiertem Erythrit bestreuen.

Ernährung: Kalorien: 51 Fett: 2g Kohlenhydrate: 9g Phosphor: 33mg Kalium: 98mg Natrium: 78mg Eiweiß: 2g

SCHLUSSFOLGERUNG

Tielen Dank, dass Sie das Ende dieses Buches erreicht haben.

Haben Sie diese Rezepte genossen? Ich würde gerne Ihre Erfahrungen hören. Sie können einen Kommentar hinterlassen, um es mir mitzuteilen. Ich würde es wirklich zu schätzen wissen.

Hier sind einige Grundlagen über die ketogene Diät, die ich gerne mit Ihnen teilen möchte.

Die ketogene Diät wurde jahrzehntelang zur Behandlung von Patienten mit Epilepsie eingesetzt und ist auch heute noch in Gebrauch. Die Diät wurde auch verwendet, um Menschen beim Abnehmen zu helfen. Es wurde gezeigt, dass eine ketogene Diät auch dann zu einer Gewichtsabnahme führen kann, wenn die Kalorien nicht eingeschränkt werden.

Die Keto-Diät besteht aus einer Ernährung mit viel Fett, mäßigem Eiweiß und wenig Kohlenhydraten. Es ist häufiger, dass Menschen in Ketose gehen, solange sie ihre Kohlenhydratzufuhr einschränken. Die ketogene Diät kann vielen Menschen helfen, eine Menge Gewicht zu verlieren.

Es gibt viele Vorteile, wenn man sich in einem Zustand der Ketose befindet. Eine Person kann weniger Hunger verspüren, und das Verlangen nach Kohlenhydraten kann im Zustand der Ketose verringert werden. Diese Diät ist unmöglich zu stoppen, sobald eine Person in ihr ist, weil eine Anpassung zurück zu essen Kohlenhydrate verursachen würde sie aus diesem Zustand zu bekommen, die nicht etwas, das sie wollen.

Das Hauptziel einer ketogenen Diät ist es, den Körper in einen Stoffwechselzustand namens Ketose zu versetzen, so dass Sie in der Lage sind, Fett anstelle von Glukose als Energie zu verbrennen.

Hier sind einige Bedenken zur ketogenen Diät, die Sie beachten sollten:

Erstens ist die ketogene Diät sehr restriktiv. Das bedeutet, dass es schwierig ist, ihr zu folgen, wenn Sie daran gewöhnt sind, viele Kohlenhydrate zu essen. Es ist möglich, eine anständige Menge an Kohlenhydraten zu sich zu nehmen, während man einer Keto-Diät folgt, aber manche Menschen wollen das nicht. Das Wichtigste, was Sie tun müssen, wenn Sie mit dieser Ernährungsweise beginnen, ist, Zucker, Getreide und stärkehaltige Lebensmittel wegzulassen.

Als nächstes ist es für viele Menschen schwer, diese Diät über einen längeren Zeitraum durchzuhalten. Die Leute könnten annehmen, dass sie alles essen können, was sie wollen, solange sie sich in einem Zustand der Ketose befinden, aber das ist überhaupt nicht wahr. Der Verzehr von ketofreundlichen Lebensmitteln ist für manche Menschen immer noch eine Herausforderung und da die Diät schwer durchzuhalten ist, wird sie nicht als langfristige Lösung zur Gewichtsabnahme angesehen.

Schließlich, nur weil jemand in einem Zustand der Ketose ist, bedeutet das nicht, dass er eine Menge Gewicht verliert. Ketone können bei manchen Menschen einen Gewichtsverlust verursachen, weil der Körper Fett verbrennt, anstatt Glukose zu verbrennen. Dies macht es für Menschen einfach, Pfunde zu verlieren, wenn sie nur Fett essen, aber es ist nicht genauso einfach für sie, Pfunde zu verlieren, wenn sie auch Kohlenhydrate und Protein essen.

Ich hoffe, dass dieses Buch über Keto-Hackfleisch-Rezepte hatte Ihnen geholfen und irgendwie Ihre ketogene Diät Reise viel einfacher gemacht. Vielen Dank, dass Sie dieses Buch gelesen haben.